GENUSSVOLLES – FÜR DEINE
BESINNLICHE ADVENTZEIT!

ANITA MOSER GANZ PRIVAT

Es zählt zu meiner großen Leidenschaft, die sich nun bereits über Jahrzehnte fortsetzt – das Backen von Keksen, Torten und die Zubereitung von Desserts.

Seit der Gründung meiner Facebook-Gruppen „Linz isst ..." - „Ö isst ..." und „Regional statt global ...", wurden Themen wie nachhaltige Lebensmittel, biologisch wertvolles Essen und Backen ausgefallener Kreationen meine täglichen Begleiter: Mehr als 350.000 Leser und Leserinnen tauschen sich in diesen Gruppen und auf meinen Seiten aktiv aus, geben neben Bewertungen auch Tipps und bilden mittlerweile eine vielbeachtete Community.

Gerade beim Backen, wo Eier, Butter und Mehl die Grundzutaten stellen, steht ausgezeichnete Qualität, am liebsten direkt ab Hof, für mich an erster Stelle.

Ob Kekse, Desserts oder Torten – ich liebe Backen – es macht mir einfach Spaß, in der Küche kreativ zu sein.

Die Inspirationen dazu trage ich seit Jahren in meinen Gedanken und bringe sie nun Jahr für Jahr in Form meiner Bücher zu Papier.

Das geliebte, in die Jahre gekommene, Rezeptbuch meiner Urli-Oma ist mir ebenso eine Quelle, wie meine zahlreichen Reisen in der Welt, wo auch das Süße in den unterschiedlichsten Cooking Classes nie zu kurz kommt.

Diese erlernten Fertigkeiten und mein Talent durfte ich in all diesen Jahren immer wieder in den Kochschulen kompetenter Meister, auch aus der Patisserie, ausweiten und verfeinern.

Es bedeutet für mich gleichzeitig Freude und Entspannung, Menschen aus meinem Freundeskreis zu Kaffee und Kuchen einzuladen, zumal ich dank meiner Familie, die ich alljährlich aus einem Fundus von alten Familien-Rezepten kombiniert mit neuen Kreationen verwöhne, immer gut im Training bleibe.

Diese Sonder-Edition speziell für die Zeit im Advent ist somit nicht nur eine Sammlung raffinierter Rezepte, die sich schnell und einfach zaubern lassen, sondern vielmehr ein Einblick in meinen ganz persönlichen Lebensstil – einfach „private taste".

Viel Spaß beim Zubereiten, Ausprobieren und Einladen!

Deine

www.private-taste.at

INHALTSVERZEICHNIS

Glutenfrei

Low-Carb

WAS ICH DIR VORAB VERRATEN MÖCHTE

Backen:

Die Angaben für die Backzeit und die Temperatur sind Richtwerte aus meiner eigenen Küche. Da sich beim Backen jeder Ofen anders verhält, empfehle ich zusätzlich Stichnadel- und Sichtproben zeitgerecht zu tätigen.

Bildbeschreibung:

Mit Worten kann man manches nur sehr schwer beschreiben, was sich in Bildern einfach darstellen lässt. Darum findest Du diesen QR-Code-Hinweis bei den Rezepten.

Mit einem Scan des Barcodes kommst du direkt zum jeweiligen Blogeintrag, wo Du Dir die Zubereitung in Form der Bilderdokumentation zusätzlich ansehen kannst.

Dauerbackfolie:

Der Umwelt zuliebe, aber auch, weil es sich damit sparsamer Backen lässt, verwende ich ausschließlich Dauerbackfolien. Nach dem Backen lassen sich diese sehr leicht mit Wasser reinigen und oftmals wiederverwenden.

Eier:

Meine Basis-Eiergröße, die ich beim Backen verwende, ist immer die Größe L. Weiche ich davon ab, so steht es in der Zutatenliste dabei. Speziell bei Keksen, wo viel Eiweiß benötigt wird, greife ich gerne auf Eier der Größe XL zurück, da ich damit wesentlich effizienter backen kann.

XL-Eier legen manche Hühner leider unbeabsichtigt, sie tun den Hühnern aufgrund der Größe nicht gut, dennoch sind sie immer wieder vorhanden und wollen auch verwendet werden. Ich habe das große Glück, sie direkt von einer Bäuerin ab Hof zu bekommen, sie sind aber auch im Handel erhältlich.

Formen:

Zum Backen besonderer Desserts oder Kreationen wie die Kuppeltörtchen, Christmas Tree und dgl. verwende ich ausschließlich Silikon-Backformen von Silikomat. Meine Erfahrungen haben mir gezeigt, dass es gerade in diesem Bereich sehr große Qualitätseinschränkungen bei Billigprodukten gibt.

Kakaopulver:

Kakaopulver ist nicht gleich Kakaopulver, denn es gibt teilentöltes, starkentöltes und auch Trinkkakao. So liegt der Unterschied zwischen Backkakao und Kakao darin, dass Kakao größtenteils Zucker und wenig Kakao beinhaltet, Backkakao hingegen enthält keinen Zucker, ist sehr dunkel und schmeckt intensiv nach Schokolade.

Ich verwende vorliebend gerne starkentölten Backkakao. Er zeichnet sich durch einen geringen Fettgehalt aus und kann sowohl als Trinkschokolade als auch zum Backen und Zubereiten von Desserts verwendet werden.

Mehl:

Findest Du bei der Zutatenliste keine spezielle Mehltype wie z.B. 400 oder 700, so kannst Du selbst wählen. In Österreich sind die Typenbezeichnungen anders als in Deutschland:

Österreich	Deutschland
Weizenmehl Type 480	Type 405
Weizenmehl Type 700	Type 450
Griffiges Mehl	Spätzle-Mehl
Weizenmehl Type 1600	Type 1050
Dinkelmehl Type 700	Type 630
Roggenmehl Type 500	Type 610
Roggenmehl Type 960	Type 1150

Mürbteig:

Für die Zubereitung eines Mürbteiges kommen meine Zutaten eine Viertelstunde vorher aus dem Kühlschrank. Damit haben Butter und Eier gleiche Raumtemperatur und lassen sich gut verarbeiten.

Nüsse:

Gehen mir mal Haselnüsse aus, so ersetze ich durch Walnüsse oder Mandeln.

Sahnestand:

Zum Verzieren von Torten oder meiner Kuppeltörtchen verwende ich oftmals Sahnestand. Sahnestand enthält alle nötigen Zutaten zur einfachen und schnellen Herstellung von Cremen mit frischem Schlagobers. Die Sahneständе werden ohne Zusatz von künstlichen Farb- oder Konservierungsstoffen hergestellt. Man braucht nur noch geschlagenes Schlagobers und Wasser hinzugeben. Ich bestelle diese im Internet, da sie regional kaum erhältlich sind.

Stärke:

Bei mir kommt vorwiegend Maisstärke, wie z.B. MAIZENA, zum Einsatz.

Schokolade:

Auch zum Backen verwende ich echte Schokolade. 70- bis 80%-Bitter-Schokolade, die ich auch für den täglichen Genuss kaufe.

Für Glasuren verwende ich zusätzlich 1 EL Bio-Kokosöl, um einen schönen Glanz zu erhalten und das Auftragen zu erleichtern.

Tonkabohne:

Die Tonkabohne schmeckt süßlich-herb und erinnert an Vanille, Mandel und Karamell. Ich verwende ausschließlich ganze Bohnen, die ich im Bedarfsfall frisch in die Teige reibe.

Vanille:

Vanille kommt bei mir nur mehr in Form echter Vanille, also pures Vanillemark in die Kekse.

Zucker:

Ich verwende beim Backen nur den Back- oder Feinkristallzucker sowie Vollrohrzucker. Normalkristallzucker, der im Handel erhältlich ist, ist mir persönlich zu grob.

MISSENO-DOTTERKEKSE

„butterweich und voller Geschmack"

WAS ICH DAZU BRAUCHE:

12 Dotter

120 g Staubzucker

2 TL Vanillezucker

abgeriebene Schale von zwei Zitronen

180 g glattes Weizenmehl

Zum Füllen:

Fruchtmarmelade

Zum Tunken:

Schokolade 75 %

1 EL Bio-Kokosöl

SO MACHE ICH DAS:

- Die Dotter schlage ich mit dem Staubzucker und Vanillezucker 10 Minuten sehr schaumig auf.
- Danach gebe ich die Zitronenschale dazu, siebe das Mehl hinein und hebe es vorsichtig unter.
- Mit meinem Spritzsack und einer 13 mm runden Tülle spritze ich nun 4 cm große Tupfer auf das Backblech auf.
- Im vorgewärmten Backrohr backe ich die Kekse bei 170 Grad Heißluft 10 Minuten.
- Nach dem Abkühlen, klebe ich je zwei Stücke mit Marmelade zusammen.
- Danach lasse ich sie ein paar Stunden anziehen, indem ich sie kalt lagere.
- Anschließend tunke ich sie in die erwärmte, mit Bio-Kokosöl vermischte, Schokolade.

zum Blog

LEBKUCHEN-PUNSCH-SCHNITTE

„die saftige, fruchtige Variante eines Lebkuchens"

WAS ICH DAZU BRAUCHE:

2 Eier

180 g Butter

250 g Staubzucker

1 Pkg. Vanillezucker

200 g zerlassene,
dunkle Schokolade

500 g glattes Weizenmehl

1 Schuss Rum

1 Schuss Milch

300 g gemischte,
kandierte Früchte

1 TL Zimt

1 EL Lebkuchengewürz

Für den Guss:

2/3 Staubzucker

1/3 Himbeer-Saft und Rum vermengt

Zum Verzieren:

Schokosterne

SO MACHE ICH DAS:

- Die Butter rühre ich mit dem Staubzucker und Vanillezucker glatt und gebe die Eier dazu.
- Danach rühre ich die zerlassene Schokolade und den Rum hinein und hebe das mit kandierten Früchten, Zimt und Lebkuchengewürz vermengte Mehl und einem Schuss Milch unter.

Mein Tipp für Dich:
Der Teig soll so fest sein, dass er sich am Blech schwer auftragen lässt.

- Im vorgeheizten Rohr bei 175 Grad Heißluft backe ich die Schnitte 25 Minuten.
- Noch im warmen Zustand glasiere ich die Schnitte mit dem Rum-Himbeer-Staubzucker-Gemisch. Nachdem die Glasur aufgetragen ist, gebe ich noch die Schokosterne darüber.
- Die Schnitte lasse ich nun etwas anziehen, bevor ich sie in Rauten schneide.

zum Blog

SCHOMLAUER NOCKERL

„ein anspruchsvolles, sehr köstliches Dessert"

WAS ICH DAZU BRAUCHE:

Für die drei Sorten Backteige:

9 Eier

140 g Zucker

etwas Salz

90 g glattes Weizenmehl

22,5 g Kakao

22,5 g geriebene Nüsse

120 g in Rum getränkte Rosinen

120 g streichfähige Marillenmarmelade

Für das Walnuss-Schoko-Mousse:

3 Eier

75 g Zucker

1 EL Rum

4 Blatt Gelatine

50 g geriebene Walnüsse

160 g weiße Schokolade

500 ml Schlagobers 36 %

SO MACHE ICH DAS:

- Ich starte mit den Teigen. Dazu trenne ich die Eier und schlage die Dotter mit Zucker auf. Die Eiklar rühre ich mit etwas Salz zu einem leichten Schnee an und hebe diesen unter.
- Diese Masse teile ich in drei gleiche Teile zu je 145 g in Rührschüsseln auf. Mit dem Schneebesen hebe ich nun wie folgt die Zutaten unter:
- Teig 1 – 45 g Mehl
- Teig 2 – 22,5 g Kakao, 22,5 g Mehl
- Teig 3 – 22,5 g Nüsse, 22,5 g Mehl
- Diese drei fertigen Teige verteile ich nun auf zwei Backbleche mit Backrahmen und backe sie im vorgeheizten Backrohr bei 170 Grad Heißluft 15 Minuten (Stichnadelprobe) und lasse sie dann abkühlen.
- Für das Walnuss-Schoko-Mousse schlage ich die Eier mit Zucker und dem Rum über dem Wasserbad sehr schaumig auf. Die Gelatineblätter weiche ich in eiskaltes Wasser ein, drücke sie aus und gebe sie zur erwärmten Ei-Zucker-Schaummasse.
- Diese Masse schlage ich nun ohne Wasserbad kalt und rühre dann die Nüsse und die zerlassene Schokolade ein. Das aufgeschlagene Schlagobers hebe ich unter.

Auf der nächsten Seite gehts weiter! →

zum Blog

1
2
3
4
5
6
7
8
9

Für die Englische Creme:

150 g Schlagobers

200 g Milch

Mark einer halben Vanilleschote

4 Dotter

30 g Zucker

20 g Stärke

Schale und Saft einer halben Orange

Für die Kakao-Sauce:

260 g Kakaopulver 20%

160 g Zucker

1 Prise Salz

etwas Orangenschale

600 g Wasser

Zum Anrichten/Dekorieren:

125 ml Schlagobers

1 TL Sahnesteif

Schokoladenblätter

frische Minze

- Für die Englische Creme verrühre ich die Stärke und die Dotter.
- Milch, Schlagobers, Vanille und Zucker koche ich kurz auf, nehme es vom Herd, rühre die Ei-Stärke-Mischung gut ein und gebe es zurück in die Küchenmaschine, um es mit dem Orangensaft und der Schale kalt zu schlagen. Diese Creme gebe ich gleich in den Dressier-Trichter und fülle davon 2 cm in die Gläser ein, die ich bis zum nächsten Schritt kalt stelle.
- Für die Kakao-Sauce rühre ich die Zutaten kalt zusammen und erwärme diese dann bei max. 60 Grad unter ständigem Rühren. Danach lasse ich die Masse abkühlen, bis ich die Gläser zubereite.
- Das Schlagobers schlage ich mit dem Sahnesteif auf und stelle es bis zum Dressieren in den Gläsern, als Unterlage für die Schokoblättchen, zur Seite.
- Auf die bereits in den Gläsern abgefüllte Englische Creme kommen nun die Teige.
- Dafür steche ich aus den drei Teigen, jeweils kleine Ringe aus, die ich dann mit Marillenmarmelade zusammenklebe. Mit Hilfe eines Stabes platziere ich diese mittig in den Gläsern.
- Nun kommen die Rum-Rosinen darüber.
- Dann dressiere ich mit meinem Dressiersack und einer runden Tülle – am Rand – das Walnuss-Schoko-Mousse rundherum mittels kleiner Tupfer.
- Als Nächstes kommt die Kakao-Sauce darüber.
- Hier achte ich besonders darauf mittig einzufüllen, bis kein Teig und keine Creme mehr sichtbar ist.
- Zum Kühlen und Festigen stelle ich die Gläser in den Kühlschrank, um zum Abschluss dann einen Schlagoberstupfer mit dem Schoko-Fächer draufzusetzen.

GEFÜLLTE ZAUBERNÜSSE

„ein echter Hingucker für jedes Keksteller im Advent"

WAS ICH DAZU BRAUCHE:

Für den Teig:

100 g Weizenvollkornmehl

100 g Dinkelmehl glatt

2 Eier Gr. S

1/2 Pkg. Backpulver

125 g Butter

1 Prise Salz

1/2 Pkg. Vanillezucker

60 g Honig

Für die Füllung:

125 g Butter

1 Ei

2 Rippen erweichte,
dunkle Schokolade 95 %

100 g Staubzucker

1 Pkg. Vanillezucker

50 g geriebene Haselnüsse

1 Schuss Rum

SO MACHE ICH DAS:

- Für den Teig vermenge ich alle zimmerwarmen Zutaten und knete daraus einen Mürbteig, den ich dann 3 Stunden im Kühlschrank rasten lasse.
- Aus dem Teig forme ich kleine Kugeln, die ich in die Formen des Waffeleisens setze, zugedeckt backe und am Rost auskühlen lasse.
- In der Zwischenzeit bereite ich die Füllung vor, indem ich alle Zutaten mit dem Handmixer zu einer cremigen Masse verrühre.
- Nach dem Backen schneide ich die Überstände der jeweiligen Nusshälften ab und fülle sie nach dem Abkühlen mit der Schoko-Nuss-Creme.

Mein Tipp für Dich:
Die Zaubernüsse kannst Du natürlich auch ganz individuell nach Deinem persönlichen Geschmack füllen. Es eignet sich dazu jede Sorte Marmelade, genauso wie z.B. eine Creme aus weißer Schokolade.

zum Blog

Gluten-
frei

BRATAPFEL MIT VANILLESAUCE

„ein Klassiker in der Dessert-Küche"

WAS ICH DAZU BRAUCHE:

6 säuerliche Äpfel

6 Zimtstangen

2 EL geriebene Haselnüsse

4 EL Pinienkerne

3 EL Butter

1 Stamperl Rum

2 EL Sultaninen

80 g Marzipan

1 TL Zimt

1 TL Vanillezucker

1 – 2 EL frischer Zitronensaft

Für die Vanillesauce:

1 Pkg. Vanillepudding-Pulver

650 ml Magermilch

6 – 8 EL Zucker

SO MACHE ICH DAS:

- Die Äpfel wasche ich und steche mittig mit einem Ausstecher das Gehäuse aus.
- Vom Gehäuse lasse ich das untere Drittel im Apfel, sodass später die Fülle nicht auslaufen kann.
- Innen beträufle ich den Apfel mit Zitronensaft.
- Für die Fülle röste ich die Haselnüsse mit den Pinienkernen fettfrei an und gebe dann in die noch warme Menge die Butter, alle anderen Zutaten und das in kleine Stücke zerrissene Marzipan dazu.
- Diese Masse fülle ich nun in die Äpfel ein und stecke danach in jeden Apfel eine Zimtstange für ein gutes Aroma.
- Im vorgewärmten Rohr bei 180 Grad Heißluft backe ich die Äpfel 20 Minuten.
- Danach schneide ich den Deckel ab, lege diesen aber wieder darauf und backe sie noch weitere 10 Minuten fertig.
- Dazu serviere ich Vanillesauce, die ich mit Vanillepudding-Pulver (bei Bedarf glutenfrei), Milch und Zucker anrühre und kurz aufkoche.

zum Blog

KOKOS-RAUTEN

„meine delikate Abwandlung der Rauwuzel mit Baileys"

WAS ICH DAZU BRAUCHE:

3 Eier

350 g Staubzucker

120 g Butter

300 g glattes Weizenmehl

1 Pkg. Backpulver

50 g entölten Kakao

250 ml Vollmilch

Für die Tunke:

8 Rippen Kochschokolade

2 EL entöltes Kakaopulver

400 g Butter

400 g Zucker

400 ml Milch

200 ml Baileys

Zum Wälzen:

800 g Kokosflocken

SO MACHE ICH DAS:

- Ich trenne die Eier. Das Eiweiß schlage ich schnittfest auf. Die Dotter rühre ich mit dem Staubzucker schaumig auf und gebe die zimmerwarme Butter löffelweise dazu.
- Zuletzt hebe ich das mit Kakao und Backpulver vermischte Mehl, gemeinsam mit der Milch und dem Eischnee unter.
- Im vorgewärmten Backrohr bei 170 Grad Heißluft backe ich den Teig 25 Minuten.
- Nach dem Abkühlen schneide ich den Teig in Rauten.
- Für die Tunke gebe ich alle Zutaten in einen Topf, koche diese auf und lasse sie 30 Minuten abkühlen. Vor dem Tunken rühre ich die Flüssigkeit nochmals durch. Sollte sich eine Haut gebildet haben, so siebe ich diese vorher ab.
- Stück für Stück tauche ich nun die Rauten in die Tunke ein und wuzle sie in den Kokosflocken, sodass sie rundherum mit diesen bedeckt sind.

zum Blog

COFFEE-KEKSE

„für alle Kaffee-Liebhaber und -Liebhaberinnen"

WAS ICH DAZU BRAUCHE:

Für den Teig:

3 EL Cappuccinopulver

220 g zimmerwarme Butter

1 Ei

80 g Staubzucker

260 g glattes Weizenmehl

1 Messerspitze Backpulver

etwas Vanillezucker

Für die Creme:

40 Stück Pocket Coffee

1 Schuss Kaffeelikör

200 g Staubzucker

100 g geriebene Haselnüsse

2 Eier

240 g zimmerwarme Butter

Zum Dekorieren:

Schoko-Kaffee-Bohnen

SO MACHE ICH DAS:

- Aus den Zutaten für den Teig knete ich einen Mürbteig, den ich 1 Stunde kühl rasten lasse.
- Danach steche ich Quadrate aus und backe diese im vorgewärmten Backrohr bei 170 Grad Heißluft 9 Minuten.
- Für die Creme erwärme ich die Pocket Coffee-Stücke bis sie flüssig sind. Danach rühre ich alle Zutaten mit dem Mixer glatt.
- Mit Hilfe meines Spritzsackes trage ich die Creme auf die Kekse auf und setze ein zweites als Deckel darauf.
- Anschließend verziere ich die Kekse mit übrig gebliebener Creme und Schoko-Kaffee-Bohnen.

Mein Tipp für Dich:
Für die Kinder oder „Nicht"-Kaffee-Liebhaber*innen empfehle ich die Variante mit Marillenmarmelade, die schmeckt nämlich auch sehr gut.

zum Blog

BUTTERKEKS-PRALINEN

„Pralinen mal völlig anders"

WAS ICH DAZU BRAUCHE:

300 g gemahlene Butterkekse

300 g geriebenes Rohmarzipan

1/8 l Amaretto

Zum Tunken:

dunkle und helle Schokoladenglasur

Zum Verzieren:

Kokosflocken

Zuckerperlen

Schokoladeblättchen

Schokostreusel

SO MACHE ICH DAS:

- Die Zutaten verknete ich zu einem glatten Teig, welchen ich 1 Stunde – kühl gelagert – ziehen lasse.
- Danach forme ich kleine Kugeln.
- Anschließend tunke ich sie in Schokolade und verziere sie.

Mein Tipp für Dich:

Wird die Masse zu fest, so gebe ich etwas mehr Amaretto dazu.

Die Pralinen schmecken auch in der alkoholfreien Variante mit Orangensaft sehr gut oder lassen sich auch mit Orangensaft und Amaretto gemeinsam kombinieren.

zum Blog

Gluten-
frei
Low-
Carb

HAFERFLOCKEN-KEKSE

„vegan, low carb und glutenfrei, die kalorienarme Alternative"

WAS ICH DAZU BRAUCHE:

30 g glutenfreie Haferflocken im Großblatt

100 g glutenfreie gemahlene Haferflocken

6 TL brauner Xucker

185 g weißes Mandelmus

1/2 TL Natron

130 g pürierte Datteln

Wahlweise für den Geschmack:

Zimt

gemahlene Nelken

Tonkabohnen

Lebkuchengewürz

Vanille

Zum Tunken:

Bitterschokolade mind. 75 %

Mandelblätter

weiße, low carb Schokodrops

SO MACHE ICH DAS:

- Aus den Zutaten knete ich einen glatten Teig, den ich 30 Minuten rasten lasse.
- Mit meinem kleinen Nudelholz walke ich kleine Teigstücke direkt auf meiner Arbeitsfläche aus und steche kleine Herzen aus.
- Im vorgewärmten Rohr bei 140 Grad Heißluft backe ich die Kekse 15 Minuten.
- Nach dem Backen lasse ich die Kekse abkühlen, bevor ich sie in Schokolade und Mandeln tunke.

Mein Tipp für Dich:

Diese gesunden Kekse ergänzen Dein buntes Keksteller ideal.

zum Blog

zum Blog

CHRISTMAS TREE & SNOW BALLS

„schicke und köstliche Hingucker am Weihnachtstisch"

WAS ICH DAZU BRAUCHE:

Für den Teig:

5 Eier

180 g Zucker

120 glattes Weizenmehl

Für die Cremen:

1 l Schlagobers

Schokoladen-Sahnestand

Maracuja-Sahnestand

lauwarmes Wasser zum Anrühren

Für die Deko:

weißen und grünen Velvet-Kakaobutterspray

Perlen

Rosmarin

rote Mirror Glaze

Goldglitter

Kokosflocken

SO MACHE ICH DAS:

- Die Eier und den Zucker schlage ich in der Küchenmaschine mindestens 10 Minuten auf höchster Stufe sehr schaumig auf. Das Mehl siebe ich in die Masse und hebe es ganz vorsichtig unter.
- Im vorgewärmten Rohr bei 200 Grad Ober- und Unterhitze backe ich den Biskuit am Backblech, am zweiten Einschub von unten, für 12 Minuten. Nach dem vollständigen Abkühlen dient der Biskuit später als Boden für beide Köstlichkeiten.
- Für die Cremen schlage ich je 500 ml Schlagobers auf und rühre den im lauwarmen Wasser angerührten Sahnestand unter.
- Mit Hilfe eines Spritzbeutels dressiere ich nun die Creme in die Halbkugel-Silikonformen, lasse dabei einen Rand von 2 cm nach oben frei, um danach die Biskuitböden darauf zu platzieren.
- Dafür steche ich in der Form und Größe der Silikon-Halbkugeln den abgekühlten Biskuit aus, platziere es zum Abschluss in die Form und stelle diese nun für mindestens 6 Stunden in den Tiefkühlschrank.

Mein Tipp für Dich:

Ich bereite dies alles am Vortag zu und finalisiere immer am gleichen Tag, an dem ich serviere.

- Dazu gebe ich die tiefgefrorenen Rohling-Formen heraus und besprühe einen Teil davon mit Velvet-Kakaobutterspray abwechselnd in Weiß und Grün.
- Die Halbkugeln glasiere ich mit Mirror Glaze-Glasur, die es im Handel fertig zu kaufen gibt. Danach verziere ich meine Törtchen noch mit Perlen, Goldglitter, Kokosflocken und Rosmarin.

APFELBROT

„ein köstlicher Begleiter im Advent"

WAS ICH DAZU BRAUCHE:

530 g geriebene Äpfel mit Schale

1 EL Zitronensaft

130 g blaue, ungeschwefelte Sultaninen

2 EL brauner Vollrohrzucker

2 Eigelb

320 g Dinkelvollkornmehl

30 g Leinsamenmehl

1 Pkg. Backpulver

3 EL Rum

1 TL Zimt

1 Prise Salz

30 g ungeschälte Mandeln

30 g geschälte Mandeln

40 g Walnüsse

Apfelstrudel-Gewürzmischung

SO MACHE ICH DAS:

- Zuerst reibe ich die Äpfel mit der Schale und vermenge diese mit dem Zitronensaft.
- Danach gebe ich alle anderen Zutaten dazu, knete den Teig durch und forme daraus vier kleine Brotstritzel.
- Darüber streue ich die Apfelstrudel-Gewürzmischung.
- Da dieser Teig keine Backform benötigt, gebe ich die fertigen Brotstritzel auf meine Dauerbackfolie direkt auf das Backblech.
- Im vorgeheizten Backrohr bei 185 Grad Ober- und Unterhitze backe ich das Apfelbrot 50 Minuten.

Mein Tipp für Dich:
Dieses Apfelbrot eignet sich hervorragend zum Einfrieren.

zum Blog

KOKOS-ZAPFEN

„erinnert an den unvergleichbaren Bounty-Geschmack"

WAS ICH DAZU BRAUCHE:

Für den Teig:

125 g Butter

50 g Staubzucker

1 Pkg. Vanillezucker

1 EL Sauerrahm

Schale einer halben Zitrone

150 g glattes Weizenmehl

1 EL Kakaopulver

1/2 Pkg. Backpulver

Für die Füllung:

1 Eiweiß

50 g Staubzucker

60 g geriebene Kokosflocken

Zum Verzieren:

Schokolade

Kokosflocken

SO MACHE ICH DAS:

- Aus den Zutaten des Teiges knete ich einen Mürbteig, den ich kühl 1 Stunde zugedeckt rasten lasse. Danach forme ich zwei gleich große Rollen, die 4 bis 6 cm dick sind.
- Von diesen Rollen schneide ich 3 cm dicke Scheiben ab, die ich dann mit den Fingern platt drücke.
- Darauf kommt mittig das zuvor mit Zucker steif aufgeschlagene Eiweiß mit den untergehobenen Kokosflocken.
- Nun klappe ich den Teig beidseitig zur Mitte hoch. So entstehen dabei schöne Zapfen. Die überschüssige Füllung streiche ich ab.
- Im vorgewärmten Backrohr bei 175 Grad Heißluft backe ich die Zapfen 15 Minuten und lasse sie abkühlen, um sie danach mit der Schokolade und den Kokosflocken zu verzieren.

zum Blog

Handmade
WITH LOVE

GEWÜRZ-PARFAIT

„ein ganz besonders delikates Dessert für die Weihnachtsfeiertage"

WAS ICH DAZU BRAUCHE:

Für 8 – 10 Portionen:

3 Eier

1 Prise Salz

120 g Kristallzucker

300 ml Schlagobers

1 TL Zimt

1/4 TL Nelkenpulver

1/4 TL Kardamom

1/4 TL Piment

1/4 TL Ingwer

etwas geriebene Muskatnuss

8 – 10 zerkrümelte Spekulatius-Kekse

zum Blog

SO MACHE ICH DAS:

- Ich trenne die Eier und schlage das Eiweiß mit einer Prise Salz steif auf.
- Die Dotter rühre ich mit dem Zucker schaumig.
- Als Nächstes schlage ich mit dem Handmixer das Schlagobers leicht cremig auf und gebe dann alle zuvor im Mörser vermengten Gewürze dazu.
- Die Gewürz-Schlagobers-Mischung vermenge ich nun mit der aufgeschlagenen Zucker-Dotter-Masse und hebe den Eischnee vorsichtig unter.
- Mit einem Löffel portioniere ich nun die Creme in meine Silikon-Formen und schließe mit den zerkrümelten Keksen ab.
- Das Parfait gehört nun mindestens 4 Stunden in den Tiefkühlschrank, bis es portioniert werden kann.

Mein Tipp für Dich:

Ich serviere dieses Parfait gerne mit eingelegten Kirschen, Rumpflaumen oder Zwetschken.

Du kannst dieses Parfait auch in einer Kastenform einfrieren und dann portionsweise aufschneiden.

KOKOS-VANILLE-NUSS-AUGEN

„Engelsaugen in einer neuen Interpretation"

WAS ICH DAZU BRAUCHE:

250 g glattes Weizenmehl

210 g Butter

70 g Staubzucker

100 g Walnüsse

1 Dotter

Staubzucker

Zum Bestreuen:

feine Kokosraspel

Zum Verzieren:

Brombeer-Schoko-Vanille-Marmelade

Staubzucker

zum Blog

SO MACHE ICH DAS:

- Aus den Zutaten knete ich einen Mürbteig, den ich zugedeckt 30 Minuten im Kühlschrank rasten lasse.
- Danach schneide ich den Teig in gleichmäßige Stücke. Forme daraus Rollen, die ich jeweils in 1 cm große Stücke schneide und mit dem Finger flach drücke.
- Mit Hilfe eines Kochlöffels drücke ich mittig eine Mulde, wo nach dem Backen die Marmelade ihren Platz findet.
- Die Oberfläche pinsle ich mit etwas Wasser ein und streue die Kokosraspel darüber.
- Im vorgewärmten Rohr bei 180 Grad Heißluft backe ich die Kekse 8 Minuten.
- Nach dem Abkühlen verziere ich die Kekse.
- Dazu erwärme ich die Marmelade und fülle sie in einen Gefrierbeutel, schneide die Ecke klein ab und spritze sie in die Mulde der Kekse.
- Die Kekse bestreue ich mit etwas Staubzucker und lasse sie in frischer, kalter Luft antrocknen, bevor ich diese dann luftdicht in einer Dose verschlossen aufbewahre.

GEFÜLLTE ORANGEN-NUSS-PUNSCH-HERZEN

„eine herzhafte Keks-Version"

WAS ICH DAZU BRAUCHE:

Für den Teig:

3 Eier

180 g Zucker

180 g Butter

1 Pkg. geriebene Orangenschale

450 g glattes Weizenmehl

50 g Dinkelmehl Type 700

Für die Füllung:

250 g Orangenmarmelade

120 g geriebene Nüsse

1 – 2 EL Rum oder Orangensaft

etwas Zitronensaft

10 Stück geriebene Butterkekse

Für die Glasur:

250 g Staubzucker

2 EL heißes Wasser

2 EL Rum

1 EL Himbeersirup
(oder Rotwein)

SO MACHE ICH DAS:

- Für den Mürbteig vermische ich alle Zutaten, knete die Butter unter und lasse den glatten Teig 1 Stunde im Kühlschrank rasten.
- Während der Teig rastet, bereite ich die Füllung aus den angegebenen Zutaten zu.

Mein Tipp für Dich:
Die Füllung sollte sich leicht aufspritzen lassen. Ist sie zu fest, so gebe ich etwas Orangensaft dazu. Ist sie zu flüssig, helfe ich mir mit mehr Butterkeksen ab.

- Nach der Zeit des Rastens walke ich den Mürbteig dünn aus und steche dann die Herzen aus.
- Diese backe ich im vorgewärmten Backrohr bei 170 Grad Heißluft 9 Minuten.
- Mit der vorbereiteten Füllung klebe ich je zwei Herzen zusammen.
- Für die Glasur vermenge ich alle Zutaten und pinsle damit den Oberteil der Herzen ein.
- Zum vollständigen Härten der Glasur stelle ich die Kekse (nicht zugedeckt) kalt.

zum Blog

TONKABOHNE-KIPFERL

„unwiderstehlich köstlich"

WAS ICH DAZU BRAUCHE:

210 g Butter

250 g glattes Weizenmehl

100 g geriebene Mandeln

80 g Kristallzucker

1 TL geriebene Tonkabohne

Zum Tunken:

Tonkabohnen-Zucker-Gemisch 1:10

SO MACHE ICH DAS:

- Aus den Zutaten knete ich einen Mürbeteig und stelle diesen 30 Minuten in Folie gewickelt kalt.
- Danach forme ich die Kipferl und backe sie im vorgewärmten Backrohr bei 170 Grad Heißluft 20 Minuten.
- Nach dem Backen tunke ich die Kipferl einseitig in das Tonkabohnen-Zucker-Gemisch.
- Dafür vermenge ich Kristallzucker mit geriebener Tonkabohne.

Mein Tipp für Dich:
Die geriebene Tonkabohne ist hier maßgeblich für den ausgezeichneten Geschmack verantwortlich, spare keinesfalls damit!

zum Blog

MARONI-NUSS-TORTE

„besonders passend für die Adventzeit"

WAS ICH DAZU BRAUCHE:

Für 24 cm-Tortenform

5 Eier

200 g Zucker

1 TL Vanillinzucker

100 g glattes Weizenmehl

1 TL Backpulver

50 g geriebene Haselnüsse

2 EL Kirschrum

200 g gesüßtes Maronipüree

Zum Füllen:

300 g Aroniamarmelade

500 ml Schlagobers

150 g gesüßtes Maronipüree

SO MACHE ICH DAS:

- Die Eier trenne ich und schlage das Eiklar steif auf. Die Dotter rühre ich mit dem Zucker und Vanillinzucker schaumig. Das mit Backpulver und Nüssen vermengte Mehl hebe ich gemeinsam mit dem mit Kirschrum glatt gerührten Maronipüree unter. Zuletzt hebe ich den Eischnee unter.
- In meine Tortenform fülle ich nun den Teig ein und streiche die Oberfläche glatt. Im vorgeheizten Backrohr bei 180 Grad Ober- und Unterhitze backe ich die Torte 60 Minuten.
- Die Torte lasse ich abkühlen und schneide sie dann horizontal mittig zweimal auseinander. Die Torte fülle ich mit Aroniamarmelade und der Schlagobers-Maroni-Mischung.
- Bei der Deko und Verzierung lasse ich meiner Fantasie freien Lauf.

zum Blog

KOKOSMAKRONEN

„zähe Kokosbusserl wie von Oma"

WAS ICH DAZU BRAUCHE:

5 Eiklar

300 g Staubzucker

250 g Kokosraspel

30 g glattes Weizenmehl

1 Prise Zimt

abgeriebene Schale einer viertel Zitrone

Zum Verzieren:

Schokolade

SO MACHE ICH DAS:

- Das Eiklar schlage ich mit dem Zucker und dem Abrieb der Zitronenschale sehr steif auf.
- Danach kommen die Kokosraspel mit dem Mehl und Zimt vermengt dazu.
- Mit Hilfe meines Spritzsackes trage ich die Makronen auf und backe sie im vorgewärmten Rohr bei 125 Grad Heißluft 25 Minuten.
- Nach dem Abkühlen verziere ich die Hälfte noch mit Schokolade.

Mein Tipp für Dich:
Damit Deine Kokosmakronen auch wirklich zäh und innen noch leicht feucht werden, beachte, dass die Makronen wirklich langsam bei wenig Temperatur gebacken werden, der Eischnee sehr standfest sein sollte und Du Staubzucker, anstatt Kristallzucker verwendest.

zum Blog

GEFÜLLTE LEBKUCHEN-MUFFINS

„Muffins, die gut in den Advent passen"

WAS ICH DAZU BRAUCHE:

Für ca. 6 bis 8 Stück:

1 Ei

80 g zimmerwarme Butter

50 g Zucker

50 g Vollrohrzucker

1 Pkg. Vanillezucker

90 g Weizenvollkornmehl

100 g glattes Weizenmehl, Type 700

1/2 Pkg. Backpulver

1 1/2 TL Lebkuchengewürz

1/2 TL Zimt

1/8 l Milch

1 EL Honig

Zum Füllen:

6 – 8 EL Nougatcreme

Für die Deko:

flüssige Butter

Zimt

Staubzucker

SO MACHE ICH DAS:

- Ich beginne mit der Nougatcreme, die ich häufchenweise aufs Backpapier auftrage und kurz einfriere.
- Die Butter schlage ich mit dem vermengten Zucker, Vanillezucker und Vollrohrzucker schaumig auf und gebe dann das Ei dazu.
- Die mit Backpulver und den Gewürzen vermengten Mehle hebe ich mit der Milch und dem Honig langsam unter.
- Nun fülle ich löffelweise den Teig in Muffinformen zur Hälfte ein.
- Dann setze ich die angefrorenen Nougat-Teile darauf und fülle mit dem restlichen Teig die Muffinformen auf.
- Im vorgewärmten Rohr bei 220 Grad Heißluft backe ich die Muffins für 5 Minuten.
- Bei 180 Grad backe ich sie dann 15 Minuten fertig.
- Während die Muffins im Rohr sind, bereite ich noch den Guss zum Einpinseln vor, indem ich die Butter mit Zimt vermische.
- Zuletzt gebe ich noch Staubzucker darüber.

zum Blog

SCHOKO-PINIENKERNE-CRANBERRY

„die besondere Art einer Praline"

WAS ICH DAZU BRAUCHE:

200 g dunkle Schokolade 70 %

200 g dunkle Schokolade 85 %

200 g Pinienkerne

200 g Cranberry

1 Handvoll getrocknete Heidelbeeren

Zum Bestreuen:

geriebene Pistazienkerne

SO MACHE ICH DAS:

- Die Schokolade schmelze ich langsam und gebe alle anderen Zutaten dazu.
- Mit Hilfe eines Teelöffels setze ich kleine Kleckse aufs Blech und lasse sie kurz anziehen.
- Dann streue ich die geriebenen Pistazienkerne darüber.

Mein Tipp für Dich:

So gut wie Deine Zutaten sind, so gut werden Deine Pralinen! Ich verwende daher nur Bio-Pinienkerne und verzichte auf Kochschokolade.

zum Blog

PROFITEROLS

„eine Rezeptur, die immer gut gelingt"

WAS ICH DAZU BRAUCHE:

Für ca. 50 Stück:

125 ml Wasser

50 g Butter

125 g glattes Weizenmehl

3 Eier

1 Messerspitze Backpulver

Für die Füllung:

250 ml Schlagobers

2 EL Staubzucker

1 Pkg. QimiQ Vanille

zum Blog

SO MACHE ICH DAS:

- Das Wasser mit der Butter bringe ich zum Kochen und nehme den Topf dann vom Herd.
- Das Mehl gebe ich auf einmal dazu. Mit einem Kochlöffel rühre ich die Masse kräftig, stelle den Topf auf den Herd zurück und erwärme unter ständigem Rühren ca. 1 Minute, bis ein Teigknödel entsteht.
- Nun gebe ich den Knödel in meine Mixer-Schüssel und knete mit dem Knethaken langsam nach und nach die Eier ein. Zum Schluss gebe ich in die abgekühlte Masse das Backpulver dazu.

Mein Tipp für Dich:
Die fertige Teigmasse muss glänzen und von der Konsistenz her so sein, dass diese von einem Löffel nur mit langen Spitzen abreißt. Dann hast Du alles richtig gemacht!

- Mit Hilfe meines Spritzsackes spritze ich die Teigtupfer auf das Backblech und backe bei 180 Grad Heißluft für ca. 25 bis 30 Minuten.
- Für die Füllung schlage ich das Schlagobers und das QimiQ getrennt auf und rühre es mit dem Staubzucker gemeinsam glatt.
- Dann gebe ich die Creme in den Dressiersack, schneide die Brandteigkrapferl vertikal durch und fülle sie damit.
- Das Mousse au chocolate (Rezept im Blog) eignet sich bestens zur Dekoration.

LINZER KIPFERL

„das traditionelle Kipferl, das nie fehlen darf"

WAS ICH DAZU BRAUCHE:

250 g Butter

4 Dotter

150 g Staubzucker

1 EL Vanillezucker

3 EL frischer Zitronensaft

300 g glattes Weizenmehl

50 g Maisstärke

1 Prise Salz

Zum Füllen:

150 g fein passierte Ribiselmarmelade

Zum Tunken:

Schokolade 70%

1 EL Bio-Kokosöl

SO MACHE ICH DAS:

- Die zimmerwarme, weiche Butter rühre ich mit dem mit Vanillezucker vermischten Staubzucker und dem Zitronensaft schaumig.
- Die Dotter gebe ich nach und nach dazu.
- Zuletzt rühre ich das Mehl mit Stärke und Salz vermengt kurz, aber kräftig unter.
- Die Masse muss cremig-weich sein, so lässt sie sich sehr gut aufspritzen.
- Mit Hilfe meines Dressiersackes und Tülle spritze ich nun die Kipferl auf mein mit Backfolie ausgelegtes Backblech auf und backe diese im vorgewärmten Backrohr bei 175 Grad Heißluft 13 Minuten.
- Nach dem Abkühlen trage ich fein passierte Marmelade auf und klebe immer zwei passende Stücke zusammen. Die Enden tunke ich in die mit Bio-Kokosöl vermengte Schokolade.
- Anschließend lasse ich die Kipferl trocknen, bevor sie luftdicht und kühl gelagert werden.

zum Blog

MANDEL-MARZIPAN-KUGELN

„für alle Marzipan-Liebhaber und -Liebhaberinnen"

WAS ICH DAZU BRAUCHE:

2 Eier

1 Dotter

100 g Rohmarzipan

200 g Zucker

1/2 Fläschchen Bittermandel-Aroma

1 Schuss Amaretto

400 g gemahlene Mandeln

Zum Wälzen:

120 g Mandelstifte und Mandelblättchen

Zum Bestreuen:

Staubzucker

zum Blog

SO MACHE ICH DAS:

- Die Eier und den Dotter schlage ich mit dem Zucker schaumig auf und rühre stückweise das Marzipan mit dem Aroma und Amaretto unter.
- Danach gebe ich die Mandeln vorsichtig dazu.
- Aus dieser Masse forme ich nun mit nassen Händen Kugeln, die ich abwechselnd in Mandelblätter oder Mandelstifte wälze und danach auf ein Backblech mit Dauerbackfolie setze.
- Im vorgewärmten Backrohr bei 220 Grad Heißluft backe ich die Kugeln 10 Minuten.
- Nach dem Backen lasse ich die Kugeln abkühlen und gebe Staubzucker darüber.

ELISENLEBKUCHEN-RAUTEN

„die andere Art des Elisenlebkuchens"

WAS ICH DAZU BRAUCHE:

6 Eier

120 g brauner Vollrohrzucker

2 TL Zimt

2 TL Lebkuchengewürz

2 EL Honig

250 g geriebene Haselnüsse

250 g geriebene Mandeln

1 Prise Salz

Geröstet in der Pfanne:

100 g Mandelstifte

100 g gehackte Haselnüsse

100 g gehackte Mandeln

Zum Verzieren:

2 Handvoll geschälte, halbierte Mandeln

Für den Guss:

2 EL Rum

Staubzucker

SO MACHE ICH DAS:

- Die Eier schlage ich mit dem Zucker sehr schaumig auf.
- Die gemahlenen mit dem Salz, Zimt, Honig und dem Lebkuchengewürz vermengten Nüsse, hebe ich vorsichtig unter.
- Dann kommen die gerösteten, abgekühlten Nüsse und Mandeln dazu.
- Vorsichtig hebe ich alles unter und streiche den Teig am Blech glatt auf. Zuletzt verziere ich den Teig noch mit geschälten, halbierten Mandeln.
- Im vorgeheizten Backrohr backe ich bei 170 Grad Ober- und Unterhitze den Lebkuchen 20 Minuten, bis dieser leicht bräunlich ist.
- Während der Lebkuchen abkühlt, bereite ich die Glasur zu, indem ich Staubzucker mit Rum glatt rühre und in den Zwischenräumen der aufgeschichteten Mandeln auftrage.

Mein Tipp für Dich:
Der Lebkuchen sollte vor dem Aufschneiden gut ausgekühlt sein und gerastet haben, sonst besteht die Gefahr, dass dieser bröselt.

zum Blog

AMARETTO-RAUTEN

„schnell gebacken und für alle Amaretto-Freunde ein Gedicht"

WAS ICH DAZU BRAUCHE:

Für den Mürbteig:

250 g glattes Weizenmehl

125 g Zucker

125 g Butter

1 Ei

Für den Belag:

200 g Rohmarzipan

50 g Butter

50 g Staubzucker

2 Eier

1 EL Amaretto

50 g Mandelblättchen

Für die Glasur:

weiße Kuvertüre

SO MACHE ICH DAS:

- Aus den Zutaten knete ich einen Mürbteig, den ich direkt auf der Backfolie auswalke.
- Mit einer Gabel steche ich den Teig mehrfach ein und backe diesen im vorgeheizten Rohr mit Ober- und Unterhitze bei 180 Grad für 15 Minuten.
- Während der Mürbteig im Rohr ist, bereite ich die Füllung zu.
- Dafür gebe ich Marzipan und Butter kurz in die Mikrowelle zum leichten Erwärmen (Butter darf nicht gerinnen!) und rühre es dann zu einer sämigen Masse, indem ich Staubzucker, Eier und den Amaretto unterrühre.
- Nach der ersten Backzeit verteile ich nun die Füllung darauf, streue die Mandeln darüber und backe die Schnitten bei 180 Grad Ober- und Unterhitze weitere 15 Minuten fertig.
- Nach dem Abkühlen verziere ich die Schnitten mit weißer Kuvertüre und schneide sie in Ecken bzw. Rauten.

zum Blog

DINKELSPITZBUBEN

„ein feines Teegebäck"

WAS ICH DAZU BRAUCHE:

200 g glattes Weizenmehl Type 700

200 g Bio-Dinkelmehl Type 900

125 g Rohrzucker

250 g Butter

4 EL Kirschrum

1/2 TL Zimt

1/2 TL Nelkenpulver

100 g geriebene Haselnüsse

1/2 TL Backpulver

Mark einer Vanilleschote

Zum Bestreuen:

Staubzucker

Zum Füllen:

250 ml passierte Himbeermarmelade

SO MACHE ICH DAS:

- Aus den Zutaten knete ich einen Mürbteig, den ich 1 Stunde im Kühlschrank rasten lasse.
- Danach rolle ich den Teig dünn aus. Für die Unterteile verwende ich einen runden Ausstecher und für die Oberteile zusätzlich die Sternenform.
- Diese backe ich im vorgewärmten Heißluftbackrohr bei 170 Grad 10 Minuten.
- Die Oberteile überzuckere ich mit Staubzucker. Anschließend trage ich am Unterteil mit Hilfe eines Spritzsackes die erwärmte, glatt gerührte Himbeermarmelade auf und klebe sie zusammen.

Mein Tipp für Dich:

Für die alkoholfreie Variante empfehle ich Dir anstatt Kirschrum, Milch zu verwenden.

zum Blog

ORANGE-SPEKULATIUS-SCHICHTDESSERT

„passt ausgezeichnet in die Adventzeit"

WAS ICH DAZU BRAUCHE:

250 ml griechisches Joghurt

150 ml Mascarpone

3 EL Staubzucker

250 ml Schlagobers

abgeriebene Schale von drei Orangen

Saft von zwei Orangen

ca. 2 Pkg. Spekulatius-Kekse

3 – 4 EL Grand Marnier

1 Pkg. Tortengelee

1/8 l Orangensaft

Zum Verzieren:

Frische Minze

Schokoblättchen

SO MACHE ICH DAS:

- Das Joghurt rühre ich mit dem Zucker, der Mascarpone, Orangenschale, dem Orangensaft und dem Grand Marnier glatt und hebe das zuvor aufgeschlagene Schlagobers unter.
- Die Spekulatius-Kekse tunke ich in den verbleibenden Orangensaft, bevor ich zum Schichten im Glas beginne.
- Ich starte mit den Keksen, dann kommt die Creme, gefolgt von Keksen. Diese Schritte wiederhole ich zweimal.
- In der letzten Reihe stelle ich die Spekulatius am Glas entlang außen auf, sodass diese von außen sichtbar sind.
- Zum Abschluss kommt das Tortengelee, welches ich mit Orangensaft anstatt Wasser laut Packungsvorschrift zubereite, darüber.

Mein Tipp für Dich:
Für die alkoholfreie Variante verwende ich nur Orangensaft und verzichte auf Grand Marnier.

zum Blog

EIERLIKÖR-PRALINEN

„meine verführerische, himmlische Art einer Praline"

WAS ICH DAZU BRAUCHE:

200 g weiße Schokolade

80 g Butter

120 ml Eierlikör

Zum Wälzen:

120 g Kokosflocken

SO MACHE ICH DAS:

- Die Schokolade lasse ich über dem Wasserbad zergehen und vermenge sie dann mit den restlichen Zutaten.
- Die Masse stelle ich 4 Stunden kalt. Danach forme ich mit nassen Händen, kleine Kugeln daraus.
- Anschließend wälze ich die Kugeln noch in Kokosflocken.

Mein Tipp für Dich:
Diese Praline mit Eierlikör lässt sich auch als alkohol-freie Variante mit 100% Orangensaft gut umsetzen.

zum Blog

SAFTIGER GEWÜRZLEBKUCHEN MIT ZIMT-SCHOKO-MANDELN

„die andere Art eines Lebkuchens"

WAS ICH DAZU BRAUCHE:

4 Eier

140 g brauner Kristallzucker

3 TL Vanillezucker

240 g glattes Dinkelmehl

4 TL Weinstein-Backpulver

3 – 4 EL Nougatcreme

150 g geriebene Haselnüsse

100 g geriebene Mandeln

1 TL Zimt

3 TL Lebkuchengewürz

1 EL Backkakao

Für das Backblech:

20 – 30 Oblaten (ø 40 mm)

Für die Glasur:

150 g Staubzucker

2 – 3 EL Wasser

Zum Verzieren:

Zimt-Schoko-Mandeln

SO MACHE ICH DAS:

- Die Eier schlage ich mit dem Zucker und Vanillezucker sehr schaumig auf.
- Die restlichen Zutaten vermische ich im trockenen Zustand und rühre diese mit der Nougatcreme unter.
- Mit befeuchteten Fingern entnehme ich kleine Teigstücke und forme diese in der Hand zu Kugeln. Die Kugeln setzte ich nun auf die Oblaten und drücke sie etwas flach.
- Im vorgewärmten Backrohr backe ich den Lebkuchen bei 160 Grad Ober- und Unterhitze 14 Minuten.
- Für die Zuckerglasur rühre ich den Staubzucker mit dem Wasser glatt.
- Noch in heißem Zustand pinsle ich die Zuckerglasur auf und setze jeweils eine halbierte Zimt-Schoko-Mandel drauf.

zum Blog

MARZIPAN-KEKSE

„wer Marzipan liebt, liebt diese Kekse"

WAS ICH DAZU BRAUCHE:

200 g Butter

200 g Rohmarzipan

100 g Staubzucker

1 Ei

6 Tropfen Bittermandelaroma

200 g glattes Weizenmehl

100 g Stärke

1 TL Backpulver

Zum Tunken:

dunkle Schokolade 75 %

1 EL Bio-Kokosöl

Zum Verzieren:

Gold- und Silber-Glitter

SO MACHE ICH DAS:

- Die Butter und den Staubzucker rühre ich mit dem Aroma schaumig und gebe dann das zuvor geriebene Marzipan dazu. Während dem Rühren gebe ich das Ei hinein und lasse es mit der Küchenmaschine kurz durchrühren.
- Das mit Backpulver und Stärke vermengte Mehl hebe ich zuletzt unter.
- Den Teig fülle ich in meinen Spritzsack mit Tülle und spritze damit die Sterne auf das Blech auf.

Mein Tipp für Dich:
Wenn Du möchtest, dass Deine Kekse nicht auslaufen, stelle das Blech vor dem Backen eine Zeit lang kalt.

- Im vorgeheizten Backrohr, bei 170 Grad Heißluft, backe ich die Kekse 12 Minuten.
- Nach dem Abkühlen tunke ich die Marzipan-Kekse halbseitig in die mit Bio-Kokosöl vermengte Schokolade und dekoriere mit Glitter.

zum Blog

ORANGEN-KEKSE

„nicht nur geschmacklich, sondern auch optisch ein echtes Highlight"

WAS ICH DAZU BRAUCHE:

2 Eier

370 g glattes Weizenmehl

120 g Zucker

120 g Butter

1/2 Pkg. Backpulver

2 – 3 EL Dinkelvollkornmehl

Schale und Saft einer Bio-Orange

Zum Bestreuen:

Staubzucker

Zum Füllen:

Orangenmarmelade

zum Blog

SO MACHE ICH DAS:

- Aus den Zutaten knete ich einen glatten Mürbteig, den ich in Frischhaltefolie gewickelt 2 Stunden rasten lasse.
- Danach steche ich die Kekse aus und backe sie 9 Minuten im vorgewärmten Backrohr bei 170 Grad Heißluft.
- Nach dem Abkühlen überzuckere ich die Hälfte der Kekse mit Staubzucker.
- Danach klebe ich mit Orangenmarmelade zwei Teile zusammen, wobei die überzuckerte Hälfte immer auf die Oberseite kommt.

Mein Tipp für Dich:

Ich verwende für die Orangen-Kekse keine Bitterorangenmarmelade, sondern eine süßliche Variante der Orangenmarmelade.

PISTAZIEN-WALNUSS-TALER

„außergewöhnlich und geschmackvoll"

WAS ICH DAZU BRAUCHE:

3 zimmerwarme Dotter

250 g zimmerwarme Butter

360 g glattes Weizenmehl

3 EL geriebene Walnüsse

100 g Staubzucker

1 Pkg. Vanillezucker

60 ml Agavendicksaft

Zum Bestreuen/Belegen:

Pistazien

Walnusshälften

SO MACHE ICH DAS:

- Die Butter rühre ich mit dem Zucker, Vanillezucker und Agavendicksaft schaumig und gebe die Dotter nach und nach dazu, siebe das Mehl hinein und rühre die Nüsse unter.
- Den fertigen Teig gebe ich in einen Spritzsack mit Sterntülle und trage damit am Blech die Taler auf.
- Dann streue ich die Pistazienkerne darüber und setze mittig eine Walnuss darauf.
- Im vorgewärmten Backrohr bei 180 Grad Heißluft backe ich die Kekse nun 10 Minuten.

Mein Tipp für Dich:
Ich verwende hier bewusst Agavendicksaft statt Honig. Honig wäre im Geschmack viel zu intensiv, Agavendicksaft ist milder und tut der Geschmeidigkeit des Teiges gut.

zum Blog

DANKE!

Wenn ein Buch erscheint, so steht immer der Autor oder die Autorin im Vordergrund.

Das ist nicht besonders fair, weil es immer vieler Menschen bedarf, die eine solche Publikation überhaupt erst ermöglichen. Das war auch bei mir der Fall. Und die lieben Menschen, die mir während des Backens und Schreibens eine große Hilfe gewesen sind, sollen hier nun besondere Erwähnung finden. Ich hoffe, an alle gedacht zu haben.

Zunächst richtet sich mein Dank an meinen Mann DI Dr. Werner Aumayr, der unermüdlich, selbst zu den unmöglichsten Tageszeiten, mit seinem Wissen bereitstand und maßgeblich für die QR-Code-Verlinkungen in diesem Buch verantwortlich ist. Ich danke Dir auch für den großen zeitlichen Freiraum für dieses weitere Buchprojekt. Ohne Dich hätte ich das niemals geschafft.

Meine Ideen und Kreationen wurden zwar von mir in Worte gefasst und zu Papier gebracht, jedoch musste alles zunächst mein Lektorat lesen und stilisieren. Das war bestimmt nicht immer einfach. Und was er daraus gemacht hat, ist einfach phänomenal. Innigen Dank also, lieber Helmut Maresch.

Ebenso großen Dank möchte ich meiner Grafikerin Marina Geisberger und ihrem Team aussprechen, die aus jedem Text-Bild-Entwurf wieder sensationelle Buchseiten gezaubert haben.

Nicht zuletzt möchte ich mich bei meinen Freunden, Bekannten, Social Media Followern für die Ermutigung ein weiteres Buch zu schreiben, die stets aufmunternden Worte und die Inspirationen dazu bedanken.

Ein herzliches Dankeschön euch allen – ich schätze Eure Unterstützung sehr.

IMPRESSUM

Private Taste GmbH
Anita Moser
Biberweg 31
A-4030 Linz
www.private-taste.at

Facebook Seite: https://www.facebook.com/privatetastebyanitamoser
Facebook Gruppe Regional statt global: https://www.facebook.com/groups/789781604820286/
Facebook Gruppe Linz isst...: https://www.facebook.com/groups/linz.isst
Facebook Gruppe Ö isst...: https://www.facebook.com/groups/403587846326992
Instagram: https://www.instagram.com/privatetastebyanitamoser
LinkdIn: https://www.linkedin.com/in/anita-moser-46945793/

72 Seiten, Hardcover
210 x 210
mit vielen persönlichen Fotografien

Erscheinungsdatum:	Oktober 2022
Erste Auflage:	1.500 Stk.
Druckerei:	Gutenberg-Werbering
Lektorat:	Helmut Maresch
Grafische Gestaltung:	Marina Geisberger samt Team

Bildnachweis:
Private Taste GmbH

Espresso